AF241494

8ᵉ F
3615

DÉPÔT LÉGAL
Doubs
Nᵒ 98
1903

DEUX ÉTUDES

SUR

L'IMPOT DE LA PROPRIÉTÉ

BOISÉE

PAR

MM. ARNOULD & COLOMB

Extrait du *Bulletin de la Société forestière de Franche-Comté et Belfort.*
Nᵒ 2. Juin 1903.

BESANÇON

TYPOGRAPHIE ET LITHOGRAPHIE JACQUIN

1903

DEUX ÉTUDES

SUR

L'IMPOT DE LA PROPRIÉTÉ

BOISÉE

PAR

MM. ARNOULD & COLOMB

Extrait du *Bulletin de la Société forestière de Franche-Comté et Belfort.*
N° 2. Juin 1903.

BESANÇON

TYPOGRAPHIE ET LITHOGRAPHIE JACQUIN

—

1903

Pica
8° F
3615

EXAGÉRATION DES IMPOTS

LA PROPRIÉTÉ FORESTIÈRE

Dans sa très remarquable étude sur l'*Insuffisance de la production des bois d'œuvre dans le monde*, M. Mélard conclut que « la production « des bois d'œuvre devrait être le but de toutes les opérations de cul- « ture et d'aménagement…. Aujourd'hui que l'intérêt des valeurs de « tout repos ne dépasse plus 3 % et descendra peut-être encore, il « semble qu'un particulier puisse avoir profit à élever sur les taillis « des réserves qui assurent à son épargne un intérêt au moins égal, ou « à produire dans les sapinières des bois de sciage, qui lui donnent 2 « à 3 % du capital engagé, abstraction faite de l'augmentation cepen- « dant bien certaine du prix des bois….

« Il faudrait que la propriété forestière ne fût pas accablée d'impôts, « sous le prétexte qu'elle est entre les mains de personnes riches, ce « qui d'ailleurs est inexact. Il y a en France des forêts dont l'impôt « direct est égal à 20 ou 25 % du produit brut, et cependant, malgré « cette large participation aux dépenses publiques, ces propriétés ne « sont l'objet d'aucune surveillance de la part de l'autorité….

« L'exagération des impôts frappant la propriété forestière doit éga- « lement se rencontrer dans d'autres pays. C'est à cette cause que « M. Gifford-Pinchot attribue la rapide destruction de certaines forêts « des États-Unis…. »

L'exagération des impôts grevant les forêts en France est un fait des plus graves, qui doit attirer l'attention non seulement des sylviculteurs, mais des économistes et des législateurs. Elle oppose un obstacle in- vincible au progrès cultural et à l'utilisation rationnelle des forces productrices du sol. Réduisant à rien le revenu des forêts, elle empê- che de constituer l'épargne qui formerait le capital nécessaire à une culture intensive, à la production du bois d'œuvre vers laquelle doi- vent tendre tous les efforts des sylviculteurs ; elle tarit ainsi une des sources de la richesse nationale et prépare les plus graves mécomptes dans un avenir prochain.

Quelques exemples serviront à établir combien est excessif l'impôt grevant les forêts en France et montreront toute l'importance de la question. A défaut de renseignements précis sur les forêts particulières, notre étude ne portera que sur les forêts domaniales ; mais les résultats n'en seront pas moins concluants.

Si l'on consulte les *comptes définitifs des recettes et des dépenses de l'exercice 1897*, publiés par le ministère des finances, on constate que, pour cet exercice, le revenu des forêts domaniales

a été de . . . . 30,661,542 fr. 82
dont il convient de déduire les frais de régie payés par les forêts communales et d'établissements publics, qui s'élevaient à 996,349   63

Reste, pour le revenu brut des forêts domaniales.   29,665,193 fr. 21

Le montant des centimes départementaux et communaux, additionnels au principal de la contribution foncière, et payés pour ces forêts, a été de 1,824,639 fr. 88, soit 6,15 %, de leur revenu brut.

Les forêts domaniales n'acquittent pas la part revenant à l'État dans la contribution foncière, c'est-à-dire le principal de cet impôt et les centimes généraux. Pour connaître l'impôt total qui grèverait ces forêts, si elles appartenaient à des particuliers, il faut déterminer cet élément de l'impôt. Le calcul suivant permet d'arriver à cette détermination.

Le principal de la contribution foncière sur l'ensemble de la propriété non bâtie, en 1897, a été évalué à . . . 103,227,428 fr. 98

La part revenant à l'État dans cet impôt comprenait, outre ce principal, des centimes généraux (8.1) et des centimes pour secours, non-valeurs, réimpositions (3.7), ensemble 11.8 centimes, soit 12,180,836   62

La part de l'État s'élevait au total à . . . . 115,408,265 fr. 60

Celle des départements et des communes était constituée par 112.1 centimes additionnels au principal de la contribution foncière (57.7 centimes départementaux et 54.4 centimes communaux). En exécution de l'article 26 de la loi du 8 août 1890, ces 112.1 centimes ont été calculés sur un principal fictif de 120,227,356 fr. et représentaient un impôt de 134,777,486 fr. 60 [1].

La part de l'État dans la contribution foncière des propriétés non bâties était donc les 85 centièmes de celle revenant aux départements et aux communes.

---

[1] V. compte définitif des recettes en 1897. — Contrib. dir. Etats B 11 et G.

Il en résulte que si la totalité des forêts domaniales appartenait à des particuliers, ces forêts auraient payé pour l'impôt foncier $6.15 \times (1 + 0.85) = 11.377$ % de leur revenu brut.

Si elles appartenaient à des communes, elles paieraient en outre, à titre de taxe de mainmorte, les $\frac{80}{100}$ du principal de l'impôt foncier, soit au total 15.10 % de leur revenu brut.

Ces chiffres si élevés ne sont cependant que des moyennes pour l'ensemble du territoire ; moyennes bien souvent dépassées, plus que doublées même, si l'on considère les forêts domaniales d'un département pris isolément.

Pour écarter toute cause de perturbation et n'avoir que des résultats comparables, nous n'étudierons que les quarante-huit départements dans lesquels les forêts domaniales sont, sans exception, situées sur des terrains réellement productifs, laissant de côté ceux dans lesquels il existe des périmètres de reboisement qui, considérés à tort comme productifs de revenus, sont soumis à l'impôt foncier.

Le tableau ci-après, dressé d'après les résultats de l'exercice 1897, indique pour chacun de ces quarante-huit départements le revenu brut des forêts domaniales, le montant des contributions (centimes additionnels) qu'elles ont payées par hectare, l'impôt total qui grèverait l'hectare si elles appartenaient à des particuliers, le rapport de l'impôt au revenu brut.

Les contributions (centimes départementaux et communaux) acquittées par ces forêts varient suivant les départements de 0.05 % (Côte-d'Or) à 16.1 % (Loiret) du revenu brut.

L'impôt total, c'est-à-dire y compris la part de l'État, s'élève de 0.10 % à 28.36 %.

Le rapport de l'impôt total au revenu brut est inférieur à 5 % dans sept départements :

Côte-d'Or	0.10 %
Landes	0.19
Morbihan	3.27
Vosges	3.72
Loire-Inférieure	3.76
Doubs	3.78
Mayenne	4.49

Il varie de 5.1 à 10 % dans dix-sept départements.

10.1 à 15 % dans dix départements.

15.1 à 20 % dans dix départements.

Il est supérieur à 20 °/₀ dans quatre départements.

Tarn-et-Garonne. 20.21 °/₀

Somme. . . . 21.09

Yonne 24.88

Loiret 28.36

Dans le revenu brut des forêts est compris le produit de la chasse, qui n'entre pas en ligne de compte dans l'évaluation du revenu cadastral de la propriété non bâtie. Sa valeur est parfois considérable : dans le département de Seine-et-Oise, elle monte à 505,633 fr. 92 ; si on déduit cette somme du revenu brut des forêts, l'impôt foncier total n'est plus de 15.33 °/₀, mais de 24.12 °/₀ du produit brut des bois.

La contribution foncière totale par hectare de forêt varie de 0 fr. 09 (Landes) à 8 fr. 70 (Somme).

Elle est inférieure à 2 fr. dans quatre départements :

Landes . 0 fr. 09

Gironde . 1   09

Morbihan. 1   26

Vendée . 1   67

Dans ces quatre départements, les forêts domaniales occupent en totalité ou en grande partie (1) des dunes qui, n'étant pas mises en valeur lors de la confection du cadastre, sont considérées comme ayant un revenu presque nul.

Dans neuf départements, la contribution foncière totale par hectare est supérieure à 6 fr. :

Doubs . . . . 6 fr. 02

Oise 6   22

Nord 6   46

Loire-Inférieure. 6 65

Eure-et-Loir . . 6 85

Seine-et-Oise . 7 25

Aisne 7 65

Marne 8 23

Somme . . . 8 70

Ces moyennes sont souvent dépassées pour des forêts considérées isolément. Nous avons établi ailleurs (2), au moyen de documents au-

---

(1) Dans les Landes sur 26,540 h. de forêts doman., les dunes occupent 26.221 h.
    — la Gironde,   25,524   —   —   —   24.997 h.
    — le Morbihan,   1,987   —   —   —   309 h.
    — la Vendée,   7,898   —   —   —   5,641 h.

(2) *Revue des Eaux et Forêts*, année 1896, pages 70 et suiv.

thentiques, que, dans les Ardennes et la Marne, certaines forêts domaniales payaient rien qu'en centimes départementaux et communaux additionnels à l'impôt foncier jusqu'à 59.5 °/₀ de leur revenu brut, et que si ces forêts appartenaient à des particuliers et acquittaient par suite le principal de cet impôt, elles auraient à payer près du double : 102 °/₀. Nous avons cité le cas de la forêt de Saint-Basles, commune de Verzy, dans la Marne, qui appartient aux trois communes de Verzy, Beaumont, Prunay et dont le prix de vente des coupes ne suffit pas à acquitter les impôts. Dans la Côte-d'Or, l'un des départements où les forêts domaniales sont le moins imposées, se trouve la forêt du Val-Suzon qui, si elle appartenait à un particulier, ne lui rapporterait, impôts déduits, que 0 fr. 15 (quinze centimes) par hectare et par an, comme revenu brut.

Il serait très intéressant de calculer le taux des impôts par rapport au revenu net des forêts. Pour cela, il faudrait connaître la part des crédits pour les traitements et les indemnités affectée à la rétribution du personnel occupé uniquement à la gestion des forêts domaniales, à l'exclusion du personnel chargé des forêts communales, de la pêche, de la pisciculture, etc.; il faudrait aussi pouvoir déterminer la part du fonds des améliorations des forêts, dunes et cours d'eau, consacrée exclusivement aux forêts. Cette étude ne peut être faite que pour une forêt donnée.

Cependant, les faits suivants permettent de se rendre compte des résultats auxquels on arriverait. Pour un département moyen, le Loir-et-Cher, dans lequel les forêts domaniales paient 6.30 °/₀ de leur revenu brut, ce qui correspond à un impôt total de 10.78 °/₀ de ce revenu et de 5 fr. 06 par hectare, nous avons trouvé un document des plus intéressants pour la question qui nous occupe. C'est un rapport [1] du directeur départemental des contributions directes sur l'évaluation des propriétés non bâties, auquel est annexé un état présentant, pour chaque commune, par hectare et par nature de cultures, le revenu moyen proposé en 1896 et en 1899 pour servir de base à la contribution foncière.

Suivant ces évaluations, les bois produiraient par hectare dans dix-huit communes un revenu annuel de 40 fr. et au-dessus; dans seize communes, un revenu inférieur à 15 fr. Leur revenu moyen serait de 29 fr. dans l'arrondissement de Blois.

---

(1) V. rapport du préfet au Conseil général de Loir-et-Cher. — Session d'août 1899, p. 157 et suiv.

De 15 fr. dans celui de Romorantin.

De 28 fr. dans celui de Vendôme.

De 22 fr. pour l'ensemble du département, tandis que le revenu moyen des terres labourables est de 31 fr.

Les forêts domaniales dans ce département paient, en centimes départementaux et communaux, 5 fr. 06 par hectare, soit 23 °/₀ du revenu net moyen évalué à 22 fr. Si l'on admet même qu'elles rapportent en moyenne 40 fr. par hectare, elles paieraient encore 12.65 °/₀ du revenu net. La part de l'impôt foncier revenant à l'État étant dans ce département les $\frac{79}{100}$ de celle perçue au profit du département et des communes, la contribution foncière totale s'élèverait dans la première hypothèse à 41.17 °/₀, et dans la seconde à 22.64 °/₀ du revenu net des forêts.

Si l'on consulte les documents publiés en 1879 par les contributions directes pour l'évaluation des propriétés non bâties [1], on voit que le taux de l'impôt ou rapport du principal de la contribution foncière au revenu net imposable était alors 5.26 °/₀ pour les bois (la moyenne pour l'ensemble des cultures étant 4.49 °/₀). Considérant comme encore exacts aujourd'hui les résultats fournis par ces évaluations, on constate que l'ensemble des forêts de France paierait en moyenne un impôt total correspondant à $5.26 \times (1 + 0.118 + \frac{100}{85} = 12.68$ °/₀ du revenu net.

Mais, depuis 1879, le prix des bois a bien baissé de valeur et, par suite, le revenu des forêts a diminué, sans que l'impôt qui les frappe ait été réduit. Cette diminution du revenu des forêts de 1879 à 1897 peut, sans exagération, être évaluée à 33 °/₀; par suite, le taux de l'impôt pour l'ensemble des forêts de France serait de 19.02 °/₀ du revenu net.

Quelles sont les causes de cette exagération de l'impôt foncier frappant la propriété forestière? Il y en a plusieurs. Mais sans nous arrêter aux causes secondaires et diverses qui peuvent être évitées dans une classification faite avec soin et impartialité, nous étudierons seulement la cause principale : *l'évaluation exagérée du revenu du sol forestier*, due à une méthode de calcul erronée.

Si l'impôt qui frappe les forêts est écrasant, c'est parce que le

---

(1) Nouvelle évaluation du revenu foncier des propriétés non bâties de la France, faite par l'administration des Contributions directes, en exécution de l'article 1ᵉʳ de la loi du 9 août 1879. — Impr. nat., 1883.

revenu qui lui sert de base est toujours majoré, et souvent dans des proportions effrayantes. L'analyse de la production forestière est, en effet, délicate et exige des connaissances spéciales que ne possèdent pas toujours les agents des contributions directes ; mais on ne peut équitablement le leur reprocher.

L'exagération du revenu des forêts dans les évaluations a pour cause l'oubli de deux principes fondamentaux en matière d'estimation des forêts.

Le premier, c'est que *les revenus des forêts, étant essentiellement périodiques et non annuels, ne peuvent être évalués par la même méthode que les revenus des immeubles à produits annuels.*

Le second, c'est que *le rendement d'une forêt comprend les revenus du sol et les revenus du capital-bois engagé dans l'exploitation et que l'impôt foncier ne doit logiquement et équitablement atteindre que les revenus du sol, à l'exclusion de ceux dus au capital engagé dans l'exploitation.*

Évaluation du revenu annuel d'une coupe de bois. — Pour la plupart des personnes n'ayant pas la connaissance des choses forestières, le calcul du revenu annuel du sol d'une parcelle boisée consiste simplement à se rendre compte de la valeur des bois au moment de l'exploitation et à diviser le chiffre obtenu par l'âge des bois à ce moment. On est disposé à croire que si une coupe se vend 400 fr. l'hectare à 20 ans, le revenu du sol est $\frac{400}{20} = 20$ fr. par hectare et par an.

Ce calcul peut donner dans certains cas le revenu de la forêt ; il ne donne jamais le revenu du sol. Celui-ci est toujours inférieur au chiffre ainsi obtenu.

Il ne faut pas perdre de vue que les forêts sont des immeubles à produits périodiques, c'est-à-dire intermittents ; par ce caractère, elles diffèrent essentiellement des autres cultures. Comparons en effet un champ donnant un revenu annuel R par hectare et une coupe de bois donnant le même revenu. Le propriétaire du champ touchera chaque année un revenu R ; tandis que le propriétaire du bois ne pourra réaliser ses revenus successifs qu'en une seule fois, au moment de l'exploitation. Pour fixer les idées, supposons que les bois sont coupés à 20 ans. Le propriétaire du champ peut chaque année placer les revenus de sa terre ainsi que les intérêts des sommes placées antérieurement ; s'il le fait, il pourra à la fin des 20 ans disposer d'une somme égale à $R + R(1+t) + R(1+t)^2 + \dots + R(1+t)^{19} = R\frac{(1+t)^{20}-1}{t}$, t étant le taux de placement.

Ce n'est pas là une simple hypothèse : par le versement de 20 annuités égales à R, on constitue un capital correspondant à $R \frac{(1+t)^{20}-1}{t}$ ou au taux de 3 % $R \times \frac{0.8061}{0.03} = 26,87\,R$ [1].

Par conséquent, dans une forêt donnant le même revenu que ce champ, le prix de vente de l'hectare à 20 ans ne sera pas 20 R, mais bien $R \frac{(1+t)^{20}-1}{t}$ et dans l'hypothèse du taux de 3 % 26,87 R.

C'est qu'en effet *dans le prix de vente d'une coupe de bois, c'est-à-dire dans le revenu brut de cette parcelle boisée, sont compris, outre les revenus du sol accumulés, les intérêts composés des revenus annuels successifs que le propriétaire a été dans l'impossibilité absolue de réaliser chaque année.* Dans l'exemple choisi ci-dessus, la partie du prix de vente représentant la somme des intérêts composés accumulés est supérieure au quart de la valeur totale. Elle est exactement de 25,19 % [2]. En d'autres termes, si le taux des placements en forêt est 3 %, une coupe de bois exploitée à 20 ans dont le revenu annuel évalué suivant la méthode usuelle, mais fausse, serait $\frac{5}{4}$ R, a sensiblement le même revenu qu'un champ rapportant R francs chaque année. Le revenu annuel du sol de cette coupe est donc R.

En général, *le revenu annuel d'une parcelle boisée qui, exploitée à l'âge n, rapporte une somme R, est représenté par le montant de l'annuité r qui, versée pendant n ans, amortirait le capital R.* Ces deux valeurs sont liées par la formule connue : $r \frac{(1+t)^n-1}{t} = R$. D'où $r = \frac{R\,t}{(1+t)^n-1}$.

Le cas suivant montre quelle peut être l'importance de l'erreur trop généralement commise. Voici une sapinière donnant une coupe de 8,000 fr. à 120 ans, le revenu annuel évalué au taux de 3 % est $8{,}000 \times \frac{0\,03}{1.03^{120}-1} = 8{,}000 \times 0{,}03{,} \times 0{,}029 = 6$ fr. 96.

Ce revenu calculé suivant le procédé usuel serait $\frac{8000}{120} = 66$ fr. 66.

Si l'impôt atteint 10 % du revenu, il restera au propriétaire $6{,}96 - 6{,}66 = 0$ fr. 30 par an.

La sapinière n'aura presque aucune valeur pour son propriétaire [3].

---

(1) Au taux de 2 1/2 %, ce serait 25,54 R ; au taux de 2 %, 24,29 R.

(2) Au taux de 2 1/2 %, ce serait 21,69 % ; au taux de 2 %, 19,35 %.

(3) Si au lieu de verser chaque année 6 fr. 66 au fisc, le propriétaire plaçait cette somme tous les ans, le total de ces versements annuels et de leurs intérêts composés à 3 % représenterait après cent vingt ans, un capital de 7,648 francs.

Évaluation du revenu annuel d'une forêt aménagée en taillis simple. — Tout ce qui précède s'applique à une coupe unique considérée isolément ; *une forêt n'étant qu'une réunion de coupes, le revenu total du sol d'une forêt doit évidemment être la somme des revenus de chaque coupe et ne peut être supérieure à cette somme.* Ce principe si évident est trop facilement perdu de vue, lorsqu'il s'agit d'évaluer le revenu d'une forêt aménagée.

L'aménagement a pour but de transformer un produit périodique par sa nature, en un revenu annuel sensiblement constant. Une forêt aménagée présente donc une disposition de contenances et de peuplements, telle que les produits annuels soient sensiblement égaux. Cette combinaison conduit à constituer une suite de massifs d'âges gradués, variant de 1 à n ans, terme de l'exploitabilité adoptée. La coupe ou peuplement de n ans fournit le revenu ; les autres coupes représentent le matériel d'exploitation, le capital-bois constitué par des épargnes successives, dont la valeur qui reste constamment la même (1) est formée d'éléments toujours semblables, mais dont l'emplacement varie chaque année.

Ce matériel ligneux est un capital nouveau engagé dans l'exploitation en vue d'une culture intensive ; il est productif de revenus. Mais ces revenus ne doivent pas être assujettis à l'impôt foncier qui doit atteindre uniquement les revenus du sol. Dans toute culture, autre que la culture forestière, les revenus dus aux capitaux engagés dans l'exploitation sont déduits du produit de la propriété pour déterminer le revenu imposable ou revenu cadastral. On ne s'explique pas pour quel motif cette règle fort sage ne serait pas applicable à l'évaluation du revenu de la propriété forestière.

Si l'aménagement tend en général à permettre de tirer d'une forêt un revenu annuel, il peut cependant, dans certains cas, conduire à obtenir un revenu seulement tous les 2, 3 ou 4.... ans. Cette modalité n'influe en rien sur les conséquences du principe ; mais elle est à considérer dans le calcul des revenus par le procédé usuel.

Voyons à quels résultats conduit ce procédé.

Soit une forêt de n hectares qui, exploitée à l'âge n, donne un produit R par hectare. Si on exploite cette forêt en une seule fois, on

---

(1) Cette valeur n'est absolument fixe qu'autant qu'on la considère chaque année au même moment. En réalité elle varie entre deux exploitations successives ; mais ces variations se reproduisent régulièrement suivant une loi immuable. Nous ne considérons que la valeur des coupes en croissance au moment de l'exploitation, en supposant le prix des bois constant.

aura une coupe valant nR francs ; le revenu du sol est donc, comme nous l'avons vu, $\dfrac{n\,R\,t}{(1+t)^n-1}$.

Si, par suite de combinaisons de l'aménagement, cette forêt a été divisée en un certain nombre m de coupes périodiques, contenant chacune m hectares et si les exploitations ont lieu tous les m ans (m étant nécessairement un diviseur de n), cette forêt rapportera mR francs, tous les m ans. Son revenu annuel sera donc $\dfrac{m\,R\,t}{(1+t)^m-1}$. En particulier, si les coupes sont annuelles, si par suite on exploite chaque année une coupe d'un hectare, le revenu annuel de la forêt sera R.

Le traitement restant le même, le produit en argent, ou revenu annuel d'une forêt augmente donc quand cette forêt est aménagée. Ce produit est la somme de deux termes, le revenu du sol et le revenu du capital-bois engagé dans l'exploitation. Le premier est constant ; le second augmente quand le matériel d'exploitation augmente, et ce matériel est d'autant plus considérable que la forêt est divisée en un plus grand nombre de coupes. L'augmentation de revenu due à l'aménagement n'est jamais négligeable, elle peut même être fort considérable. On peut s'en rendre compte par l'examen du tableau suivant, qui indique les variations, suivant l'aménagement du revenu annuel d'une forêt de 20 hectares, exploitée à 20 ans, dont l'hectare vaut R francs à l'exploitation.

NOMBRE DE COUPES	INTERVALLE séparant deux coupes successives	REVENU ANNUEL DE LA FORÊT				PART DU REVENU CORRESPONDANT AU CAPITAL D'EXPLOITATION		
		FORMULE	A 2 %	A 2 1/2 %	A 3 %	A 2 %	A 2 1/2 %	A 3 %
1	20 ans	$\dfrac{20\,Rt}{(1+t)^{20}-1}$ [1]	0,823 R [1]	0,783 R [1]	0,744 R [1]	»	»	»
2	10 —	$\dfrac{10\,Rt}{(1+t)^{10}-1}$	0,913 R	0,892 R	0,872 R	0,090 R	0,109 R	0,128 R
4	5 —	$\dfrac{5\,Rt}{(1+t)^{5}-1}$	0,961 R	0,951 R	0,942 R	0,138 R	0,168 R	0,198 R
5	4 —	$\dfrac{4\,Rt}{(1+t)^{4}-1}$	0,970 R	0,963 R	0,956 R	0,147 R	0,180 R	0,212 R
10	2 —	$\dfrac{2\,Rt}{(1+t)^{2}-1}$	0,990 R	0,988 R	0,985 R	0,167 R	0,205 R	0,244 R
20	1 —	R	R	R	R	0,177 R	0,217 R	0,256 R

[1] Revenu du sol.

Dans cet exemple, le revenu du capital-bois engagé dans l'exploitation entre dans le revenu de la forêt pour une part variant de 9 %

(forêt exploitée en deux coupes, taux 3 %) à 25, 6 % (forêt exploitée en 2 coupes annuelles, taux 3 %). Au cas où la forêt est divisée en coupes annuelles égales, ce revenu est égal à 21, 27 ou 34 % du revenu du sol, suivant que l'on admet pour les placements en forêt le taux de 2, 2 1/2 ou 3 %. Par suite l'erreur commise, quand on confond le prix de vente de la coupe annuelle, c'est à-dire le revenu annuel de la forêt, avec le revenu annuel du sol, conduit à majorer le revenu imposable d'un tiers à un demi.

Il convient de remarquer que le facteur $\dfrac{R\,t}{(1+t)^n-1}$ représente le revenu annuel par hectare, non seulement du sol nu ou défriché, mais du sol auquel sont incorporés l'ensouchement et les semis, c'est-à-dire du fonds permettant à la forêt de se reproduire indéfiniment à périodes régulières.

Tout ce qui vient d'être dit s'applique à des forêts naturelles exploitées à blanc étoc.

ÉVALUATION DU REVENU ANNUEL D'UNE FORÊT ARTIFICIELLE. — Dans le cas de forêts artificielles, il faut retrancher du revenu ainsi calculé celui équivalant au capital employé pour le semis ou la plantation. Veut-on connaître le revenu du sol (au taux de 3 %) d'un terrain autrefois nu, qui, reboisé en pins, donne, à 35 ans, 1,200 fr. par hectare et dont le reboisement a coûté 250 fr. par hectare ?

Le revenu annuel de l'hectare de pineraie est : $\dfrac{(1,200 \times 0.03)}{(1.03)^{35}-1} = 19$ fr. 85 dont il faut déduire le revenu annuel du capital employé au reboisement soit, $200 \times 0,03 = 6$ fr.

Reste pour le revenu du sol, par hectare et par an, $19.85 - 6 = 13$ fr. 85.

Le procédé inexact généralement suivi eût donné :

Revenu de l'hectare à 35 ans . . . . 1,200 fr.
A déduire le capital engagé 200

Reste . . . . 1,000 fr.

dont le 35ᵉ est : 28 fr. 57.

Le chiffre ainsi obtenu est supérieur au double du revenu du sol.

ÉVALUATION DU REVENU ANNUEL D'UNE FORÊT TRAITÉE EN TAILLIS SOUS FUTAIE OU EN FUTAIE. — Dans le cas de taillis sous futaie ou de futaie pure, au sol et aux bois en croissance nécessaires pour assurer des coupes annuelles, s'ajoute un nouvel élément constitutif du revenu de la forêt : les réserves qui ont été épargnées en vue de donner à l'exploitation des bois de fortes dimensions. Le revenu correspondant à ce nouveau capital d'exploitation doit encore être déduit du revenu de la forêt, pour avoir le revenu du sol, ou revenu imposable.

Comparez la situation faite à deux propriétaires de forêts, également économes et désireux d'épargner sur leurs revenus. L'un exploite ses bois en taillis simple et chaque année prélève une partie du prix de vente de ses coupes qu'il emploie en placements mobiliers; l'autre, préférant élever sur ses taillis des futaies qui lui assureront un revenu égal, réduit le rendement en matière de ses coupes et constitue des réserves en vue de l'éducation de la futaie. Les revenus de l'épargne du premier sont soumis à l'impôt modéré qui frappe les valeurs mobilières (3 à 4 % du revenu); les revenus de l'épargne du second sont considérés comme revenus du sol de sa forêt, et comme tels, assujettis à l'impôt foncier, qui absorbe 10 ou 15 % au moins de leur valeur. En frappant plus lourdement les revenus du second placement que ceux du premier, la loi fiscale a pour effet de détourner les capitaux de la culture forestière et d'arrêter le développement et le progrès de la sylviculture.

Comment déterminer le rapport existant entre le revenu du sol et celui dû aux réserves? Comment séparer ces deux éléments constitutifs du revenu de la forêt, si intimement unis dans le prix de vente de la coupe?

L'application des principes suivants permet de tenir compte des diverses modalités pouvant se rencontrer dans le traitement des forêts ; nous nous bornerons à les énoncer ici, les ayant développés ailleurs [1].

RÈGLES GÉNÉRALES A SUIVRE POUR L'ÉVALUATION DU REVENU IMPOSABLE DES FORÊTS. — *Taillis simples*. — Pour évaluer le revenu d'une forêt traitée en taillis simple, on détermine son rendement annuel en matière par hectare; on partage le volume ainsi obtenu entre les différentes catégories de marchandises que fournit la coupe à l'exploitation et proportionnellement aux quantités de ces marchandises. On multiplie chacun de ces volumes partiels par le *prix dans l'arbre* de la marchandise correspondante. Le total donne le prix de l'hectare à l'exploitation, c'est-à-dire le revenu périodique du sol. Pour obtenir le revenu annuel, le seul sur lequel doit porter l'impôt, on multiplie

---

(1) V. *Le revenu cadastral des forêts*. — *Revue des Eaux et Forêts*, 10 nov. 1896.

le prix de l'hectare à l'exploitation par le facteur $\frac{t}{(1+t)^n-1}$ où n est l'âge de l'exploitation et t le taux des placements forestiers. Le produit est le revenu annuel brut par hectare du sol de la forêt.

L'âge de l'exploitation est l'âge auquel sont exploités la généralité des taillis de la commune ou des communes voisines.

Le taux à adopter est le taux des placements en forêt dans les mêmes communes.

Taillis sous futaie. — On évalue ce que produirait le sol en taillis simple. Pour cela, on détermine le rendement en matière par hectare du taillis et celui de la futaie; on en fait le total. On partage le volume ainsi obtenu entre les différentes catégories de marchandises que fournit le taillis à l'exploitation et proportionnellement aux quantités de ces marchandises. On achève le calcul comme dans le cas du taillis simple.

Futaies feuillues. — On détermine l'accroissement annuel moyen en matière par hectare; on partage ce volume entre les différentes catégories de marchandises que fournirait à l'exploitation usuelle le bois traité en taillis simple et proportionnellement aux quantités de ces marchandises. On multiplie chacun de ces volumes partiels par *le prix dans l'arbre* de la marchandise correspondante. On fait le total des nombres ainsi obtenus et on le multiplie par l'âge des bois à l'exploitation, pour avoir le prix de l'hectare traité en taillis simple, au moment de l'exploitation ou revenu périodique du sol. On multiplie ce chiffre par le facteur $\frac{t}{(1+t)^n-1}$ où n est l'âge de l'exploitation usuelle des taillis dans la localité. Le produit est le revenu annuel brut du sol, par hectare.

Futaies résineuses [1]. — On détermine l'accroissement annuel moyen en matière par hectare; on partage ce volume entre les différentes catégories de marchandises que fournirait la forêt à l'âge de l'exploitation usuelle et proportionnellement aux quantités de ces marchandises. On multiplie chacun de ces volumes partiels par le *prix dans l'arbre* de la marchandise correspondante; on fait le total des quantités ainsi obtenues et on le multiplie par le facteur $\frac{nt}{(1+t)^n-1}$

n est l'âge de l'exploitation usuelle, c'est-à-dire celle généralement adoptée dans la commune ou les communes voisines pour les futaies

---

(1) Les forêts résineuses ne pouvant pas être traitées en taillis, on est nécessairement amené à employer une méthode un peu différente de celle indiquée pour les cas précédents.

résineuses, et portant sur des arbres de 0ᵐ50 de diamètre environ pour les sapinières, ou de dimensions à déterminer selon les essences et les forêts.

Forêts artificielles. — Pour les forêts résineuses artificielles qui ne se maintiennent qu'au moyen de semis ou de plantations, on calcule le revenu annuel comme dans le cas précédent ; puis on déduit du chiffre trouvé la rente du capital employé pour les semis ou les plantations. On obtient ainsi le revenu imposable du sol nu.

L'exagération de l'impôt frappant la propriété forestière, qui place la sylviculture dans une situation d'infériorité par rapport aux autres cultures, provient de l'application des règles fixées par la loi du 3 frimaire an VII pour l'évaluation du revenu des forêts. Ces règles qui pouvaient paraître rationnelles au début du xixᵉ siècle, alors que les lois qui président à la formation du revenu des forêts étaient presque totalement ignorées, auraient dû être modifiées, dès que les progrès de l'économie forestière eurent permis d'en constater l'inexactitude et les conséquences funestes. Cette modification, trop longtemps attendue, s'impose aujourd'hui si l'on veut assurer l'avenir de nos forêts et parer aux dangers qui, dans un avenir trop prochain, résulteront de la disette des bois d'œuvre dans un pays de civilisation aussi avancée que le nôtre.

La nécessité de la conservation et de la restauration des forêts est universellement admise aujourd'hui et mieux comprise en France, peut-être, que partout ailleurs. C'est dans ce pays où la loi affecte chaque année des millions au reboisement, où elle encourage la création et la reconstitution de forêts par un dégrèvement de l'impôt foncier, que cet impôt fait obstacle à l'exploitation rationnelle des forêts en vue d'une culture intensive et de la production des bois d'œuvre, commandées, plus que jamais, par les nécessités économiques.

Cette situation illogique et dangereuse ne peut durer. Il est temps que les pouvoirs publics le comprennent et y mettent fin. Il y va de l'avenir de la puissance économique de la France.

A. ARNOULD,
Inspecteur des Eaux et Forêts.

ANNÉE 1897

DÉPARTEMENT (des forêts domaniales)	CONTENANCE des forêts domaniales	REVENU BRUT des forêts domaniales	CONTRIBUTIONS (montant des centimes) acquittées par les forêts domaniales du département	(par) hectare	% de ces contributions par rapport au revenu brut des forêts	IMPOT FONCIER dans le département (propriétés non bâties) — Part de l'État	IMPOT FONCIER — Part du département et des communes	Rapport de la part de l'État à celle du département et des communes	IMPOT TOTAL grevant les forêts domaniales — % du revenu brut	IMPOT TOTAL — par hectare
Ain	3 161	259 569 62	9 813 85	3 17	3 7	1 189 829 68	1 570 567 79	0 75	6 47	5 54
Aisne	26 576	1 131 130 53	116 123 16	4 35	10 02	2 317 169 08	3 054 358 41	0 76	17 62	7 65
Allier	24 340	882 235 97	37 987 84	1 55	4 3	1 325 231 84	1 534 815 66	0 86	7 99	2 88
Ardennes	22 348	729 575 99	79 686 03	3 34	10 9	1 063 902 62	1 402 755 70	0 76	19 18	5 88
Aube	12 447	285 043 76	34 067 03	2 39	11 6	1 051 356 85	1 488 198 63	0 71	19 83	4 09
Calvados	3 404	159 816 54	7 332 86	2 14	4 6	3 120 602 59	3 064 870 41	0 99	9 16	4 26
Charente	4 670	122 452 44	8 790 44	1 88	7 19	1 265 870 82	1 577 273 68	0 80	12 91	3 38
Charente-Inférieure	8 984	114 544 71	11 327 81	1 24	9 9	1 523 057 91	2 258 117 49	0 67	16 64	2 07
Cher	12 340	272 836 39	14 643 76	1 18	5 4	925 891 51	1 003 154 73	0 92	10 37	2 26
Côte-d'Or	40 297	1 010 552 06	55 161 30	1 38	0 05	1 905 561 10	1 794 394 00	1 06	0 10	2 84
Doubs	5 000	782 326 36	12 670 28	2 55	1 6	1 003 784 01	735 777 52	1 36	3 78	6 02
Eure	12 663	394 234 44	35 714 62	2 82	9 05	2 179 464 93	2 176 733 75	1 00	18 10	5 64
Eure-et-Loir	6 476	257 396 94	25 487 40	3 92	9 9	1 899 397 84	2 532 759 73	0 75	17 32	6 86
Finistère	3 595	124 013 73	3 683 11	1 02	2 9	1 170 501 18	946 198 74	1 24	6 50	2 28
Gironde	22 878	129 989 44	12 550 17	0 53	9 6	2 116 784 96	2 012 731 98	1 05	19 68	1 09
Ille-et-Vilaine	7 306	269 425 11	9 093 73	1 24	3 3	1 703 200 35	1 482 715 70	1 15	7 09	2 87
Indre	11 146	360 294 47	18 600 41	1 67	5 1	924 163 92	1 181 530 75	0 78	9 08	2 97
Indre-et-Loire	8 801	242 416 46	9 047 69	1 02	3 7	1 372 796 07	1 359 144 16	1 01	7 43	2 05
Jura	28 049	1 151 702 19	38 415 05	1 66	3 6	1 004 633 30	1 037 087 66	0 97	7 09	3 27
Landes	26 221	143 880 30	12 28	0 004	0 008	700 377 35	510 599 82	1 37	0 19	0 09
Loir-et-Cher	11 915	547 656 67	33 717 44	2 83	6 3	1 108 364 58	1 397 438 99	0 79	10 78	5 06
Loire-Inférieure	4 526	170 327 17	3 251 83	3 36	1 9	1 357 517 60	1 384 063 93	0 98	3 76	6 65
Loiret	38 633	807 939 44	130 184 35	3 36	16 1	1 436 678 27	1 884 962 50	0 76	28 36	5 91
Maine-et-Loire	1 792	118 334 73	3 031 14	1 65	2 7	2 237 903 50	1 827 653 52	1 22	5 99	3 66
Marne	13 804	702 320 48	65 226 58	4 90	9 2	1 553 566 55	2 211 793 88	0 70	15 64	8 23
Haute-Marne	16 476	471 707 61	28 389 28	1 76	6 0	973 237 98	885 460 93	1 01	12 06	3 54
Mayenne	143	18 602 00	376 43	2 63	2 03	1 384 686 23	1 145 782 50	1 21	4 49	5 81
Meurthe-et-Moselle	31 010	1 285 645 57	48 442 59	1 56	3 7	1 198 926 46	866 941 50	1 38	8 81	3 74
Meuse	31 635	1 054 905 49	58 366 52	1 84	5 51	1 154 050 14	1 106 240 63	1 04	11 22	3 75
Morbihan	1 987	73 418 88	1 169 99	0 58	1 5	1 083 681 33	921 335 11	1 18	3 27	1 26
Nièvre	14 688	410 238 86	25 624 37	1 74	6 2	1 210 921 09	1 397 770 76	0 87	11 59	3 25
Nord	10 319	1 418 752 69	70 167 20	3 62	4 9	3 249 120 28	4 158 294 77	0 78	8 72	6 46
Oise	31 744	1 420 585 05	116 468 95	3 66	8 3	2 153 449 52	3 100 603 61	0 70	14 11	6 22
Orne	23 193	700 179 64	44 244 80	1 92	6 3	1 895 898 81	1 759 545 54	1 08	13 10	3 99
Pas-de-Calais	7 496	301 901 21	13 947 00	1 87	4 06	2 716 956 11	3 395 591 22	0 80	7 34	3 39
Haute-Saône	6 853	263 953 83	6 376 91	0 93	2 4	1 150 727 97	786 225 39	1 46	5 90	2 29
Saône-et-Loire	13 635	666 467 40	21 838 67	1 60	3 2	2 534 307 01	2 039 402 74	1 24	7 17	3 58
Sarthe	10 499	662 010 78	27 766 82	2 64	4 1	1 671 416 17	1 652 309 27	1 00	8 20	5 28
Seine-Inférieure	33 080	1 128 884 42	91 556 04	2 77	8 1	3 005 661 31	2 821 613 47	1 06	16 87	5 64
Seine-et-Marne	23 406	843 301 80	68 656 13	2 96	8 1	2 083 812 15	3 829 457 12	0 54	11 47	3 56
Seine-et-Oise	28 841	1 377 483 13	129 566 33	4 45	9 4	2 467 169 52	3 920 553 22	0 63	15 32	7 25
Sèvres (Deux-)	6 752	337 687 46	14 819 38	2 19	4 4	1 321 378 40	1 540 541 13	0 86	8 18	4 07
Somme	4 260	166 042 67	19 544 46	4 58	11 1	2 612 786 27	2 926 885 75	0 90	21 09	8 70
Tarn-et-Garonne	1 320	38 778 48	3 682 72	2 77	9 4	1 431 373 98	1 244 189 52	1 15	20 21	5 95
Vendée	7 955	147 305 20	6 216 72	0 78	4 2	1 510 860 43	1 320 915 57	1 14	8 99	1 67
Vienne	6 226	189 176 33	11 318 26	1 84	5 9	1 104 748 45	1 080 490 86	1 02	11 92	3 72
Vosges	56 472	3 702 427 45	60 035 91	1 06	1 6	1 037 117 60	746 136 85	1 39	3 72	2 53
Yonne	12 975	334 798 50	50 044 64	3 50	14 9	1 578 706 08	2 374 873 27	0 67	24 88	5 83

UNE EXPRESSION SIMPLE

DU

REVENU IMPOSABLE DES FORÊTS

La *Revue des Eaux et Foréts* a publié, en novembre 1896, sur le revenu cadastral des forêts, une étude de M. Arnould, reprise par M. Broilliard en avril 1899 et dont voici la conclusion :

Le revenu imposable étant, aux termes de la loi du 3 frimaire an VII, le revenu net du sol, c'est-à-dire son revenu annuel, déduction faite des charges (frais de garde, de repeuplement et d'entretien), l'expression qui le donne est : $R \dfrac{t}{(1 + t)^n - 1}$ (1).

C'est l'annuité génératrice de R, R étant le revenu net à l'âge n, grossi de tous les produits intermédiaires *normaux* capitalisés, et t le taux de placement.

C'est aussi la production de la première année ou ce qu'en économie forestière on nomme *la feuille*.

C'est encore le produit de la multiplication du fonds $R \dfrac{1}{(1 + t)^n - 1}$ (2) par le taux.

C'est enfin, si l'on veut, l'intérêt de ce même fonds pendant un an.

L'expression (2) est, en effet, le deuxième terme de l'équation qui lie le capital-fonds F au revenu R, en supposant que celui-ci croisse avec l'âge, suivant la loi des intérêts composés, ce qui est l'hypothèse la plus conforme à l'apparence des faits, de sorte qu'on posera : $F + R = F (1 + t)^n$ (a).

D'où $R = F [(1 + t)^n - 1]$.

(a) En effet, au bout d'un an, un capital de 1 fr. devient $1 + t$; après deux ans il devient $(1 + t)(1 + t)$ ou $(1 + t)^2$ ... Au bout de n années, il arrive a $(1 + t)^n$ et F, après le même temps, augmenté de ses intérêts R, est F fois plus fort ou $F (1 + t)^n$.

$$F = \frac{R}{(1 + t)^n - 1} \ (2).$$

$$\text{Et } Ft = R \frac{t}{(1 + t)^n - 1} \ (1).$$

Ce serait trop allonger ce travail que de s'étendre sur la discussion mathématique et d'étudier à fond la formation des intérêts composés ou des annuités. On voudra donc bien se contenter du peu qui vient d'en être dit.

La formule (1) suppose une exploitation périodique et c'est là, en effet, le seul mode de jouissance à envisager, car, comme c'est uniquement et par définition le revenu *de la terre* qu'on demande, il faut laisser de côté dans sa recherche tout ce qui ne procède pas directement du sol et négliger, par conséquent, ce que peut produire l'épargne accumulée, c'est-à-dire les arbres de réserve, d'une part, les coupes en croissance de l'autre.

On est ainsi fatalement ramené de la forêt aménagée au premier type, forme naturelle de la propriété boisée prise dans son expression la plus simple, c'est-à-dire à la forêt entièrement couverte de bois de même âge dont on substitue la possibilité supposée à celle de la forêt réelle. S'il n'en était pas ainsi, la fraction (2), qui est un des facteurs de la formule (1), comprendrait le matériel bois annexé au fonds et son produit par le taux de placement donnerait plus que la rente du sol.

Il est bien entendu que les produits irréguliers ou accidentels ne peuvent entrer en ligne de compte dans la supputation d'un revenu normal et constant et qu'il en est de même de la chasse. Elle ne compte pas dans le revenu cadastral des terres arables, pourquoi compterait-elle en forêt? Sa valeur, très variable au surplus, mais toujours plus grande qu'en plaine, prouve qu'elle est moins un produit du sol que de sa superficie.

Telle est, en résumé, la thèse de M. Arnould; il est difficile de ne pas l'admettre; elle est la vérité même.

Je n'ai pas l'intention de revenir, dans le détail, sur cette étude que chacun peut relire et où les prescriptions du *Recueil méthodique des lois et règlements sur le cadastre et de la décision de M. le ministre des finances, du 22 janvier 1811*, qui l'a approuvé, sont étudiées avec soin. Il est pourtant nécessaire, pour l'intelligence de ce qui va suivre, de rappeler en quelques mots les données d'un problème dont l'importance est capitale pour les propriétaires de bois, qui sont à peu près partout surchargés, donnent à l'impôt, dans nombre de régions, un minimum de 20 à 30 °/₀ de leur revenu, si l'on en croit M. Arnould [1], et paient, chose incroyable, dans certaines communes, plus que ce revenu lui-même.

Le revenu imposable est, on l'a vu plus haut, le revenu net du sol.

Son évaluation, pour les propriétés rurales, ne présente aucune difficulté, car il suffit d'appliquer à la production moyenne en matière par hectare le prix habituel des denrées dans la localité. Mais, pour les forêts, qui ne livrent leurs produits qu'à des intervalles plus ou moins éloignés, quel est le revenu *annuel* correspondant au revenu *périodique?*

Voici les règles tracées par le *Recueil méthodique* à cet égard :

Bois en coupes réglées. — L'évaluation se fait d'après le prix moyen des coupes annuelles, déduction faite des frais d'entretien, de garde et de repeuplement. (*R. M.*, 365, 366, 528.)

Bois en coupes non réglées. — L'évaluation se fait par comparaison avec les autres bois de la commune ou du canton (367, 529).

Futaies. — Les bois de haute futaie s'évaluent au taux des taillis simples, eu égard à la classe à laquelle la futaie correspond (368, 369, 370, 530).

Bois de pins et de sapins. — Ces bois, ainsi que les plants de mûriers, châtaigneraies, sausseraies, sont estimés d'après leur produit réel (371, 532).

Ainsi, pour le *Recueil méthodique*, quatre catégories de bois plus ou moins arbitraires, mais pas de différence entre les forêts en coupes réglées et celles qui ne le sont pas, malgré leur séparation dans deux classes. Le revenu imposable des premières s'applique aux autres, ce qui revient à dire que la base de l'impôt foncier est, pour celles-ci, *leur revenu moyen.*

Si, en effet, S est la surface d'une forêt, P le prix du matériel de l'hectare exploitable et n l'âge d'exploitation, la valeur de la *coupe annuelle* de la forêt *aménagée* est $\frac{S}{n}\ P$.

Celle de la *coupe moyenne* de la même forêt exploitée périodiquement est $\frac{SP}{n}$, ce qui est la même chose.

Or, peut-on dire que ce soit là, pour cette dernière, le revenu annuel ?

Le prétendre serait méconnaître les avantages pécuniaires de l'aménagement, car, si le revenu annuel ne devait pas changer, il serait

---

(1) Avant son article de 1896, M. Arnould avait donné à la *Revue*, en juin 1895 et en février de l'année suivante, deux études non moins intéressantes sur le même sujet, déjà traité par M. Puton en 1882, p. 265.

vraiment bien inutile de constituer à grands frais le capital ligneux de la forêt en coupes réglées dont la création a précisément pour but principal l'augmentation de ce revenu.

Ce serait affirmer que, dans une forêt de 25 hectares, 25 coupes annuelles de 1,000 fr. ne valent pas mieux qu'une coupe unique de 25,000 ou que $1,000 \frac{[(1.03)^{25} - 1]}{0.03}$, c'est-à-dire 36,466 fr. = 25,000 fr. L'erreur saute aux yeux.

La vérité est que le revenu annuel du sol d'une forêt quelconque est une fonction simple et constante de la puissance de végétation, abstraction faite de tout élément étranger incorporé à ce sol ; c'est son produit spontané de la première année, la première feuille ou simplement la feuille.

Chaque année nouvelle en apporte une semblable ; mais les précédentes, entrées dans la masse, ont droit à une rémunération, de sorte qu'à la feuille, telle est la manière sensible dont les choses se passent, s'ajoutent successivement ses intérêts pour former les productions suivantes qui en sont le développement.

C'est ainsi que le *revenu moyen* ou l'accroissement de l'année $\frac{n}{2}$ n'est autre chose que la *première feuille* augmentée de ses intérêts pendant un temps égal à la moitié de la révolution. Par exemple :

Un revenu de 1,000 fr. par hectare à 30 ans correspond, à 3 %, à une feuille de 21 fr. 03 qui, capitalisée pendant 15 ans, devient 32 fr. 76, c'est-à-dire, à peu de chose près, le revenu moyen, 33 fr. 33. Il y a donc deux parts dans ce chiffre : celle du fonds, 21 fr. 03 ; celle du bois, 11 fr. 73, et il est évident qu'ainsi compliqué d'intérêts, le *revenu moyen de la forêt* n'est pas le *revenu net annuel du sol*. On doit donc le rejeter comme base de l'impôt foncier, aussi bien que le *revenu annuel moyen de la forêt en coupes réglées*, qui résulte de l'incorporation au fonds d'un capital superficiel plus ou moins important. On pourrait les appeler l'un et l'autre *des revenus composés* [1].

---

(1) Le matériel bois des forêts n'est ni meuble ni immeuble. Comme les récoltes pendantes, il est simplement mobilisable et, par sa situation intermédiaire entre les meubles et les immeubles (Puton, *Économie forestière*, p. 20), il échappe à l'impôt foncier. C'est ce qu'a implicitement reconnu la décision du 22 janvier 1811, en disant : « La plus-value que les bois de futaie acquièrent sur les bois « taillis étant accidentelle et pouvant cesser après la coupe n'est, dès lors, pas « susceptible d'un allivrement cadastral fixe et immuable et ces bois doivent être « compris dans les expertises et les matrices cadastrales sur le même pied que ceux « qui se trouvent en taillis dans la commune où les communes voisines. »

Or le matériel permanent (les coupes en croissance des forêts aménagées), créé, comme les futaies, par une épargne antérieure, peut aussi bien qu'elles être détruit

Non, là solution n'est pas si loin que l'a cherchée le *Recueil méthodique* avec ses catégories et ses distinctions superflues. Il n'y a pas deux manières de calculer le revenu annuel ou la rente d'un capital. Qu'il s'agisse de valeurs mobilières ou de propriétés foncières, la rente est toujours le produit du capital par le taux de placement et son expression est incontestablement, pour les forêts, celle qu'indique M. Arnould : $R \dfrac{t}{(1+t)^n - 1}$ ou Ft, F étant la valeur du fonds.

C'est bien là l'annuité génératrice du revenu périodique ou naturel des forêts, la rente du sol ensouché ou garni de ses semis, si l'on a supposé, conformément à la décision de 1811, qu'il n'y a aucune réserve mélangée au massif. Ce serait la rente du *sol nu* si, de F, on retranche le prix de l'ensouchement ou du semis.

R devant être un *revenu net,* il est certain que les frais de gestion sont à déduire du revenu brut avec ceux de garde, de repeuplement et d'entretien et on pourrait soutenir, en outre, que les déductions doivent comprendre les intérêts, au taux de l'exploitation, du prix de l'ensouchement dans les taillis et du semis ou de la plantation de début dans les futaies.

L'ensouchement permanent des taillis et le semis primitif ou la plantation des futaies régénérées par la voie naturelle représentent, en effet, l'ensemencement de la terre cultivée; leur création a engagé dans l'exploitation des capitaux qui entraînent un prélèvement véritable sur la récolte, prélèvement qui, bien qu'en partie voilé par le temps, n'est certainement pas négligeable et se paie au même titre que les avances de même espèce dans les labours, ou les déboursés des repeuplements artificiels. Ils devraient, conséquemment, entrer dans les frais comme ceux-ci et, comme eux, se déduire du revenu brut.

Le revenu ainsi réduit serait le vrai produit du sol nu, dégagé de tout capital annexe, et son introduction dans la formule (1) donnerait exactement la rente du sol, de même que l'expression (2) fournirait le prix de ce sol lui-même.

A cela on répondra que l'ensouchement ou le semis sont d'une estimation délicate, bien qu'elle ne le soit pas plus en réalité que toutes

---

par l'imprévoyance du propriétaire et les raisons invoquées pour justifier l'immunité de celle-ci sont logiquement applicables au premier.

Si l'on considère, d'un autre côté, que les intérêts de toutes les sommes engagées dans l'exploitation sont des frais à déduire du revenu brut pour avoir le revenu net, il est clair que la partie de ce revenu que fournit le capital-bois doit se soustraire, et qu'à ce point de vue encore, on aboutit au même résultat.

les autres auxquelles on est condamné dans les recherches de valeurs forestières ; qu'un sol forestier sans souches ou sans plants n'est plus un sol forestier ; que ce sont ces éléments qui, s'incorporant à lui, lui donnent une valeur qui, dans certaines régions, disparaîtrait à peu près entièrement avec eux, et que son assimilation absolue aux cultures agricoles n'a rien de réel.

Les deux opinions sont aussi vraies l'une que l'autre ; la première l'est théoriquement, la seconde pratiquement et, dans la matière qui nous occupe, comme dans tant d'autres, il est sage de s'en tenir à la vérité pratique. C'est donc le sol forestier complet et pas la friche qui doit être considéré comme la base de l'impôt, ce qui, du reste, n'a pas une énorme importance au point de vue de l'augmentation du revenu cadastral.

Ce point établi, d'où peut-on tirer F et t pour obtenir le produit Ft qui est la forme la plus simplifiée du revenu cadastral ?

Le calcul n'offre pas d'autre moyen que la relation $F = \dfrac{R}{(1 + t)^n - 1}$, dans laquelle, n étant donné, R, qui en dépend, se détermine sans grande difficulté pour les gens du métier, soit au moyen de renseignements qu'ils possèdent, soit par l'observation et l'étude des peuplements, de sorte qu'on se trouve, en somme, avec une seule équation et deux valeurs à trouver : F et t. C'est une de trop et, comme on ne possède pas d'autre relation algébrique complétant celle-ci, la recherche directe de l'une d'elles s'impose invinciblement. Mais laquelle ? Sera-ce le taux, sera-ce le fonds ?

Ces deux éléments, quoique étroitement unis, se présentent à nous d'une manière bien différente.

Le premier est fugitif et mobile ; son chiffre absolu échappe à toute investigation, à toute constatation de fait ; ce n'est qu'un rapport mathématique, une abstraction sans réalité concrète et tangible.

Le fonds, au contraire, reste à peu près fixe, au moins pour d'assez longues périodes ; on peut le saisir expérimentalement.

Les terres à bois ont, en effet, comme toutes les autres, une valeur propre, ne dépendant de l'âge d'exploitation que par l'amélioration qu'elles en tirent au bout d'un certain temps, spéciale à chaque situation et que l'usage a probablement tirée de leur comparaison avec les cultures voisines de même fertilité ou de l'application plus au moins consciente, soit au revenu périodique habituel, soit à son équivalent annuel, à l'âge le plus communément adopté, d'un taux courant soumis aux faits économiques généraux ou locaux.

Elle se retrouve toujours la même dans les estimations des marchands de bois, tant que les circonstances ne changent pas, ce qui ne veut pas dire qu'elle apparaisse immuable dans toutes les transactions concernant la propriété forestière. Personne n'ignore que le spéculateur, en présence d'une forêt ruinée ou à faible matériel, peu recherchée, par conséquent, du commerce, pourra réussir à faire un bon marché en l'abaissant ; que le capitaliste cherchant un placement sûr élèvera, au contraire, à l'occasion, son prix jusqu'au chiffre qui lui assurera un taux de placement minimum choisi d'avance. Mais ces valeurs accidentelles, de convention ou de convenance, ne peuvent trouver place en matière d'impôt où on n'a à considérer que les cas généraux, les valeurs normales, absolues, celles qu'affirme la libre concurrence.

C'est cette fixité de la valeur du fonds qui fait que le rapport entre le revenu et lui, c'est-à-dire le taux de placement, change à chaque âge, de sorte que F est véritablement la seule constante de l'équation $F = \dfrac{R}{(1 + t)^a - 1}$, le revenu R s'élevant avec l'âge suivant une loi indéterminée et le taux t décrivant une courbe qui atteint d'assez bonne heure un maximum, suivi d'une décroissance plus ou moins rapide et régulière au fur et à mesure que le terme d'exploitation s'éloigne. On ne peut pas, dès lors, dire que, comme les cultures, les forêts ont un taux de placement moyen dans telle ou telle localité si les termes d'exploitation y sont très différents [1] ; elles ont, en réalité, autant de taux que d'âges, de sols et d'essences, et c'est celui qui correspond à la révolution de chacune d'elles qu'il faut, à l'exclusion de tout autre, employer dans les calculs d'estimation absolue, c'est-à-dire dans ceux qui, n'ayant pas d'objectif spécial, doivent correspondre à l'universalité des cas.

La conséquence est que le taux est, en définitive, l'inconnue à extraire de l'équation, après que les autres facteurs auront été fixés par les moyens que donnent la pratique et l'étude de la forêt.

Sa connaissance est le début nécessaire d'un calcul qui sera faussé, si on s'appuie sur un taux qui ne découle pas mathématiquement des autres données du problème et dont il ne sortira qu'une rente relative et arbitraire, car son entrée dans la formule entraînerait la mobilité du fonds F, ce qui est contraire à la vérité absolue.

---

[1] On pourrait citer des communes dont le territoire porte côte à côte, sur des terrains qui ne diffèrent que par l'amélioration due à la longueur des révolutions, des futaies de 120 ans et des taillis de 13 à 30. Le taux y monte du simple au double.

Mais, comment aboutir dans cette recherche directe de la valeur du sol, qui a toujours paru si difficile qu'on l'a peu conseillée dans l'enseignement ou dans les livres et que tant de forestiers la déclarent encore impossible ?

Les forêts, dit-on, ne se vendent le plus souvent qu'en bloc et couvertes de bois d'un certain âge; les prix d'achat, quand on en possède, ne sont pas toujours sincères; leur analyse manque et on ne peut pas en dégager le prix du terrain. Il y a certainement une grande part de vérité dans cette affirmation.

Il n'est pas, néanmoins, dans les pays forestiers, un paysan ou un propriétaire intelligent qui ne sache à quoi s'en tenir à cet égard et qui ne puisse donner, si on le consulte, des indications suffisamment précises. Les marchands de bois la trouvent bien, cette valeur ; toutes leurs estimations l'indiquent et elles n'en connaissent pas d'autre; il suffit d'en avoir eu quelques-unes entre les mains pour n'en pas douter. Pourquoi les indicateurs du cadastre seraient-ils plus embarrassés sur ce point qu'avec un peu de patience et quelques recherches on arrive toujours à résoudre avec une approximation suffisante ? Il est, après tout, beaucoup moins difficile de trouver la valeur d'une terre que de tomber, de toutes pièces et empiriquement, au milieu de tant d'autres, sur le taux convenable, le taux vrai, le seul qui donne une valeur absolue. Or, il faut choisir entre ces deux difficultés.

Qu'on ne s'exagère pas, au surplus, l'effet d'erreurs qui ne sortiront jamais de limites assez étroites, car, si l'estimation du sol est inexacte, le taux varie en sens inverse, de sorte qu'il s'établit, dans le produit, des atténuations de ces erreurs. Par exemple :

Un sol forestier, d'une valeur vénale réelle de 400 fr. par hectare, rapporte à 30 ans 570 fr. ou 3 %; la rente sera 400×0.03 .   12 fr.

On l'évalue à 300 fr., soit 100 fr. en moins, le taux monte à 3.70 % et la rente devient 300×0.037 . . . . 11 fr. 10

Estimé à 500 fr., il rapportera 2,53 % et la rente passe à   12 fr. 65

Or, une différence de 100 fr., ou du quart, semble déjà assez élevée et il ne faut donc pas s'en préoccuper outre mesure.

Des erreurs proportionnellement égales sur le taux entraîneraient des écarts sensiblement plus grands :

Au taux de 2.25 %, admis au lieu de 3, correspondrait une rente de. 13 fr. 50

A celui de 3.75 %, admis au lieu de 3, correspondrait une rente de. . . . . 10 fr. 57

Quel que soit le point de départ — valeur du sol ou taux de placement — il n'y a évidemment pas à craindre de se tromper très gravement sur le revenu imposable. Aussi, malgré sa supériorité à cet égard, ce qui, surtout, rend le premier préférable, c'est, ainsi qu'il a été dit plus haut, qu'il est moins abstrait, plus facilement compris des personnes qui n'ont pas une grande habitude des déductions mathématiques; qu'enfin, c'est le fonds qui commande le taux au lieu d'être commandé par lui, et qu'il est en tout logique de commencer par le commencement.

On objectera peut-être que c'est entrer dans un cercle vicieux que de poursuivre t dans la formule $F = \dfrac{R}{(1 + t)^n - 1}$, puisque R comprend, outre le revenu principal à l'âge n, des recettes et des frais annuels ou intermédiaires à capitaliser pour cet âge, ce qui suppose l'intervention de l'inconnue elle-même.

Il n'en est rien cependant, car on a deux moyens d'en sortir : le tâtonnement d'abord, et, ensuite, la capitalisation des produits intermédiaires au taux que donnerait le produit principal seul. Ainsi :

Une forêt traitée en futaie rapporte, sur un sol de 521 fr. l'hectare couvert de ses semis, en outre des produits annuels évalués à 5 fr., toutes charges déduites :

A 120 ans, une coupe principale de 6,000 fr.

A 40 ans, une coupe d'éclaircie de 200 fr.

A 70 ans, une coupe d'éclaircie de 500 fr.

A 100 ans, une coupe d'éclaircie de 900 fr.

De l'équation $521 = \dfrac{6000 + 200\,(1 + x)^{80} + 500\,(1 + x)^{50} + 900\,(1 + x)^{20}}{(1 + x)^{120} - 1} + \dfrac{5}{x}$, on tire par tâtonnement $x = 0\ 03$.

En ne tenant compte que du revenu principal 6,000 fr., l'équation devient : $521 = \dfrac{6000}{(1 + x)^{120} - 1}$ le taux descend à 0.0212, et si on règle sur cette base les intérêts des sommes provisoirement négligés, on posera $521 = \dfrac{6000 + 200\,(1.0212)^{80} + 500\,(1.0212)^{50} + 900\,(1.0212)^{20}}{(1 + x)^{120} - 1} + \dfrac{5}{0.0212}$ ce qui ramène le taux de placement à 3 °/₀.

Cet expédient n'est qu'un moyen de simplification n'emportant pas une exactitude absolue, bien entendu, surtout lorsque les charges et les produits annuels se compensent; mais les différences restent toujours peu importantes et on voit qu'il est possible d'arriver au taux d'une manière très convenable, si les estimations de fait ont été prises elles-mêmes d'une façon rigoureusement exacte. Est-il besoin d'ajouter que la matière ne comporte pas de précision mathématique et qu'on doit se contenter de solutions approchées?

Le calcul sera plus rapide si, comme dans la plupart des taillis, à la récolte principale il ne s'ajoute pas de produits intermédiaires et si, ce qui arrive souvent, les recettes annuelles se balancent à peu près avec les dépenses. Il suffira alors de diviser la valeur du fonds par le revenu et le quotient ou le nombre du tarif III de Cotta qui s'en rapproche le plus dans la ligne des âges fournira le taux cherché, soit exactement, soit par ventilation, à moins d'un quart d'unité près, ce qui est suffisant.

La forêt, dont le sol ensouché vaut 521 fr., donne à 30 ans un revenu de 1,000 fr. :

$$521 = \frac{1000}{(1+x)^n - 1}$$

$$\frac{521}{1000} = \frac{1}{(1+x)^n - 1} = 0.521$$

$$x = 3.55 \text{ ou } 3.50 \ ^o/_o.$$

La recherche du taux n'est donc pas un travail bien effrayant. Néanmoins, malgré sa facilité relative, il doit, autant que possible, être épargné aux experts du cadastre, à l'usage desquels il ne serait pas très long de construire, soit des graphiques, soit des tables donnant, pour une suite de quelques valeurs foncières courantes, les revenus imposables correspondant à des âges et à des produits rapprochés de telle sorte que les interpolations soient ou inutiles ou rapides et sûres.

Il convient, en effet, de simplifier le rôle des opérateurs et de ne pas les mettre en présence de formules grosses de logarithmes quand on peut, par des tarifs tout faits, leur en faciliter la solution.

Quelques constatations matérielles, une recherche de quelques instants dans un barème, la multiplication Ft, c'est tout ce qu'il faut leur demander.

Cette conception d'un taux de placement variable, commandé par un fonds qui reste fixe tant que les circonstances économiques ou son état de fertilité ne changent pas, est la seule qui mesure exactement les profits de l'exploitation, en faisant croître la rente foncière de la même manière que le taux progresse lui-même, de sorte que le maximum de l'une correspond au maximum de l'autre.

Un taux quelconque, différent de celui-là, entraîne, au contraire, des écarts en sens inverse d'autant plus accentués qu'il s'en éloigne davantage.

Un hectare de terrain boisé valant 500 fr. et produisant en taillis, à 30 ans, 1,122 fr. (4 $^o/_o$) donnera une rente du sol ou foncière de $500 \times 0,04 = 20$ fr.

La même terre pouvant fournir en futaie à 100 ans 9,109 fr. (3 °/₀) ne réalisera comme première feuille que $500 \times 0{,}03 =$ . . . . 15 fr. chiffres proportionnels à 4 et à 3.

Avec un taux de placement supposé de 3.50 °/₀, la rente de la première exploitation sera $1{,}122 \dfrac{0 \text{ fr. } 035}{(1.035)^{30} - 1} =$ 21.75

celle de la seconde, $9{,}109 \dfrac{0 \text{ fr. } 035}{(1.035)^{100} - 1} =$ 10.52

Augmentation dans un cas, baisse dans l'autre, il n'y a plus, entre les deux résultats, de rapports clairs, ce qui déroute la pensée et peut se traduire, dans la pratique, par une injustice dans la répartition ou le calcul de l'impôt.

Les propriétaires, en tous cas, on le voit, n'ont pas à craindre l'exagération du taux avec cette méthode de calcul.

Tout cela résulte de ce fait que, par suite du jeu des intérêts composés, on a, dans cette dernière hypothèse, attribué au sol une valeur fictive, qui est celle qu'en offrirait un acquéreur désireux de placer son argent à 3.50 °/₀, ou, en d'autres termes, une valeur relative de 621 fr. 03 pour l'exploitation à 30 ans, et de 300 fr. 59 pour l'autre, au lieu de 500 fr., valeur absolue.

Or, il faut le répéter, tout doit être absolu dans l'assiette des contributions.

Quoi qu'il en soit de cette trop longue discussion, et quelque procédé de calcul qu'on emploie, la formule de la feuille rendra toujours modéré le revenu imposable, et si on accepte la manière d'envisager le taux de placement qui vient d'être ébauchée, on arrive à cette conséquence que les forêts traitées en futaie fonctionnant généralement à longue échéance et à taux réduit, le revenu cadastral qui leur convient est de moins en moins grand à partir d'un certain âge, et que leur cotisation doit diminuer au fur et à mesure que le terme d'exploitation s'éloigne.

C'est absolument juste.

On ne peut nier, en effet, et la tendance universelle à raccourcir les révolutions en témoigne, que le propriétaire pressé de jouir retire de son capital un avantage pécuniaire plus considérable que celui qui, au préjudice du taux de placement, se résigne à une épargne prolongée, et que si ce dernier obtient une rente moyenne supérieure, il doit attendre plus longtemps le revenu périodique correspondant, ce qui diminue l'annuité de formation, c'est-à-dire son revenu annuel.

Il est donc naturel qu'il donne moins au fisc.

C'est ce que n'ont pas aperçu les auteurs du *Recueil méthodique* dont les précautions pour protéger les futaies contre une taxation exagérée sont vagues, arbitraires, inutiles ou en opposition avec leur but, si on base la contribution foncière sur la rente du sol.

Vague et arbitraire, il le sera toujours, l'abaissement fictif de l'âge au niveau des taillis simples, car où s'arrêter dans cette descente? On voit souvent des taillis échelonnés de 10 à 30 ans et plus dans le même lieu.

Opposé à son but, il le sera sûrement pour les futaies à longue révolution, car il conduit à une élévation certaine du taux de placement.

Inutile, enfin, il l'est pour celles dont le taux vrai se rencontre dans la partie ascendante de sa courbe, ce qui peut arriver pour certaines exploitations résineuses à court terme, régénérées par semis naturels peu après l'âge de la fertilité, car cet âge est précisément celui qui correspondrait à l'assimilation théorique au taillis, c'est-à-dire celui auquel la forêt commence à pouvoir se régénérer d'elle-même, et l'application de l'instruction administrative ne le changerait pas.

C'est l'illusion de la rente moyenne, augmentant avec l'âge, qui a entraîné les hésitations dont les textes administratifs, rédigés en vue de l'application de la loi du 3 frimaire an VII, portent la trace visible dans leurs efforts pour donner des bases équitables d'évaluation et que la notion de la rente du sol leur aurait évitées, car elle suffit à résoudre toutes les difficultés.

Par elle-même et sans qu'il soit besoin de décisions spéciales, elle exclut, comme le veut le *Recueil méthodique*, la futaie des exploitations mixtes, cette futaie formant un capital superficiel qui, bien qu'incorporé au fonds, disparaît dans la recherche de la rente foncière.

Elle fait abstraction de l'aménagement, qu'il soit artificiel ou qu'il soit, comme dans les futaies jardinées et les taillis furetés, créé par la nature et, en négligeant le matériel bois qui en est la caractéristique, elle considère uniquement l'exploitation périodique sans capital.

Elle supprime toute distinction entre les forêts repeuplées de main d'homme et celles qui sont soumises à la régénération naturelle, aussi bien qu'entre le régime du taillis et celui de la futaie, entre les feuillus et les résineux.

Elle favorise les exploitations à long terme par l'abaissement du taux de placement.

Elle réalise, en un mot, à elle seule, tout ce qu'a tenté en vain le *Recueil méthodique* et, en supprimant les catégories qu'il a admises, ramène tout à une formule unique qui est le but et la conclusion de ces quelques lignes et que voici :

Le revenu imposable d'une forêt est, au terme de son exploitation normale et au taux de placement réel, la rente du sol supposé peuplé de bois de même âge sur toute son étendue.

Qu'il s'agisse de l'établissement d'un impôt de quotité fondé, comme celui de la propriété bâtie, sur le revenu net de chaque forêt, ou de la revision du tarif actuel des évaluations, voilà la règle : c'est la forêt individuelle dans le premier cas, la forêt type dans le second, prise dans son état présent et telle qu'elle se comporte, qui doit être considérée, en supposant seulement que le peuplement est partout équienne.

Mais le maintien du système de répartition, qui entraîne la classification et le classement des parcelles, amènerait forcément, dans un même groupe, la réunion d'immeubles d'une fertilité différente, car l'âge, qu'on ne saurait négliger en matière forestière, peut attribuer le même revenu à des sols de qualités fort éloignées.

Cet inconvénient serait, il est vrai, plus apparent que réel, s'il n'était à craindre encore qu'en raison du petit nombre des classes, qui n'est que de trois pour le bois, on ne fût amené à réunir aux taillis des futaies d'une rente foncière bien inférieure. Aussi, le cas échéant, serait-il bon de les subdiviser davantage en portant le nombre des classes de trois à cinq, comme pour les labours, si l'on ne veut faire deux classifications distinctes, l'une pour les taillis, l'autre pour les futaies. On éviterait ainsi de surcharger les forêts les plus intéressantes pour le pays et de perdre de vue l'égalité proportionnelle voulue par la loi et que notre système, très favorable aux exploitations intensives, respecte entièrement.

En vain dira-ton que celles-ci peuvent être transformées et que le propriétaire bénéficierait alors d'une immunité à laquelle il n'aurait pas droit. Oui, peut-être, jusqu'à la prochaine revision ; mais, outre que cette éventualité se présentera rarement, il vaut mieux paraître encourager une mauvaise gestion accidentelle que frapper une longue et patiente économie.

On voudra bien me pardonner cette incursion sur un terrain défriché par d'autres et auquel je n'ai que peu de droits.

En y pénétrant pour glaner derrière eux, je n'ai pas eu la prétention de faire œuvre personnelle ; j'ai simplement essayé de développer les points sur lesquels ils n'ont pas jugé à propos d'insister et d'en tirer des conclusions pratiques que je crois justes et qui peuvent être utiles à quelques-uns.

La question sera peut-être bientôt d'actualité. Elle est posée dans le public par la possibilité prochaine d'une nouvelle évaluation du revenu de la propriété non bâtie. La *Société forestière de Franche-Comté et Belfort* a, dès 1899, demandé qu'un agent forestier chef de service soit toujours appelé à l'estimation du sol boisé, et la Société des *Agriculteurs de France* s'est, de son côté, associée en principe à ce vœu.

Les agents des eaux et forêts se doivent donc à eux-mêmes de ne laisser aucun détail dans l'ombre.

M. Arnould a donné les bases ; il reste à les faire entrer dans l'application avec toutes les simplifications qu'elles comportent et que j'ai essayé de faire ressortir.

L'État, les communes, les établissements publics et les particuliers propriétaires de bois y trouveront leur compte ; tout le monde y gagnera.

COLOMB.

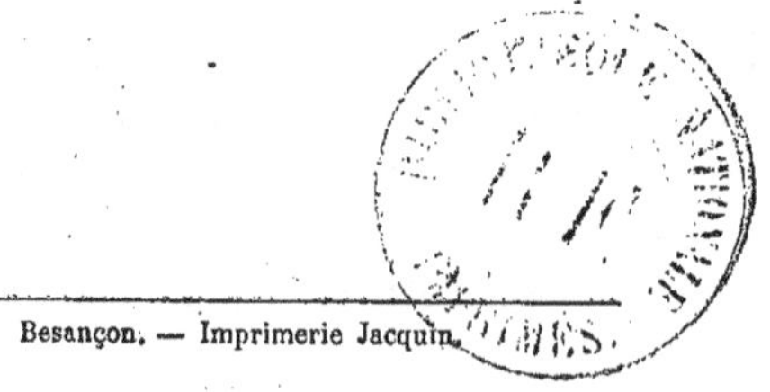

Besançon. — Imprimerie Jacquin.

www.ingramcontent.com/pod-product-compliance
Lightning Source LLC
Chambersburg PA
CBHW061105050726
47592CB00004B/1829